Petra Breitsameter/Christian Grolik

Rechte und Pflichten von Mietern und Vermietern

Für Mietverhältnisse über preisfreien Wohnraum

interna
Ihr persönlicher Experte

interna

Dieser Ratgeber wird digital produziert. Die laufende Einarbeitung von Änderungen und Ergänzungen garantiert stets optimale Aktualität und Rechtssicherheit. Zusatzservice für alle Leser: regelmäßige Redaktionssprechstunde.

VIB-Titelmeldung
Petra Breitsameter (Immobilienfachwirtin IMI)
Christian Grolik (Dipl.-Wirtschaftsjurist FH)
Rechte und Pflichten von Mietern und Vermietern
Für Mietverhältnisse über preisfreien Wohnraum
ISBN 978-3-939397-60-1

Umschlaggestaltung: workstation GmbH, Bonn
Satz: KomZil, Bonn
Druck: interna, Bonn
Lektorat: Büro- und Verlagsservice Ewald, Siegburg

Verlag interna GmbH
Auguststr. 1, 53229 Bonn
Tel.: 02 28 / 85 44 98-0, Fax: 02 28 / 85 44 98-20
www.interna-aktuell.de
www.interna-express.de
mail@interna-aktuell.de

Printed in Germany

Inhalt

1. Das Mietverhältnis über Wohnraum 5

2. Rechte 5
  2.1 Rechte des Mieters 5
    2.1.1 Gebrauchsüberlassung an Dritte 5
    2.1.2 Barrierefreiheit 7
    2.1.3 Mietminderung, Recht auf Schadensersatz und Wegnahmerecht des Mieters 8
    2.1.4 Recht auf vertragsgemäßen Gebrauch der Mietsache 12
    2.1.5 Kündigung und Sonderkündigungsrecht 13
    2.1.6 Widerspruchsrecht bei Kündigung 15
  2.2 Rechte des Vermieters 16
    2.2.1 Kaution und Verrechnung der Kaution mit Mietrückständen 16
    2.2.2 Mieterhöhungen und Modernisierungserhöhungen 17
    2.2.3 Veränderungen der Betriebskosten 24
    2.2.4 Vermieterpfandrecht 25
    2.2.5 Nutzungsentschädigung bei verspäteter Rückgabe des Wohnraums 28
    2.2.6 Kündigung und außerordentliche fristlose Kündigung aus wichtigem Grund 29

3. Pflichten 36
  3.1 Pflichten des Mieters 36
    3.1.1 Zahlungspflicht 36
    3.1.2 Obhutspflicht 37
    3.1.3 Mängelanzeigepflicht 38
    3.1.4 Pflicht zum vertragsgemäßen Gebrauch der Mietsache 39

3.1.5 Duldungspflicht . . . 40
3.1.6 Rückgabepflicht . . . 42
3.2 Pflichten des Vermieters . . . 43
3.2.1 Gebrauchsüberlassung . . . 43
3.2.2 Instandhaltung und Instandsetzung . . . 44
3.2.3 Verkehrssicherungspflichten . . . 45
3.2.4 Abrechnung der Betriebskosten . . . 46
3.2.5 Rückgewähr der Mietsicherheit . . . 48

4. Sonstiges . . . 49
4.1 Nützliche Internetseiten und Adressen . . . 49

5. Die Verfasser . . . 64

1. Das Mietverhältnis über Wohnraum

Mietverhältnisse über nicht preisgebundenen Wohnraum unterliegen in der Bundesrepublik Deutschland den Bestimmungen der §§ 535 bis 548 BGB sowie der §§ 549 bis 575a, die weitgehend zwingend sind.

Daraus ergeben sich im bestehenden Mietverhältnis für Mieter und Vermieter eine Reihe von Rechten und Pflichten, über die dieses eBook eine Übersicht verschaffen soll.

Die Bestimmungen des Mietrechts, welches zuletzt zum 01.09.2001 grundlegend reformiert wurde, wird durch eine Vielzahl von bindenden Rechtsprechungen ergänzt und unterliegt in einigen Punkten stetigem Wandel (Beispiel Schönheitsreparaturen).

Nach wie vor überwiegt die mieterfreundliche Rechtsprechung – daher sind besonders Vermieter aufgefordert, ihre Pflichten einzuhalten. Aber auch der Mieter unterliegt einer Reihe von gesetzlichen Pflichten, die es zu wahren gilt.

2. Rechte

2.1 Rechte des Mieters

2.1.1 Gebrauchsüberlassung an Dritte

Der Mieter hat das Recht, die Einwilligung zur Untervermietung der Immobilie vom Vermieter zu verlangen. Diese Untervermietung kann entweder eine zusätzliche Person beinhalten oder eine vollständig neue Belegung der Immobilie nach Auszug des Mieters (kein Nachmieter!). Das Mietverhältnis bleibt dabei bestehen. Allerdings kann der Mieter keine generelle Untervermieterlaubnis vom Vermieter verlangen, sondern lediglich eine personenbezogene. Dies leitet das Recht des Vermieters ab, die entsprechende Person zu überprüfen und das Untermietverhältnis abzulehnen, wenn ein wichtiger Grund vorliegt.

Liegt kein wichtiger Grund gegen die Person vor, beispielsweise Überbelegung der Wohnung, kann der Mieter das Mietverhältnis außerordentlich mit gesetzlicher Frist nach § 540 BGB kündigen.

Beispiele:
1. Eine alleinstehende Dame bewohnt eine 3-Zimmer-Wohnung mit ca. 70 m^2 Wohnfläche und möchte nun ihre pflegebedürftige Mutter gegen Beteiligung an den Mietkosten aufnehmen. In diesem Fall ist der Vermieter verpflichtet, die Zustimmung zur Untervermietung zu erteilen. Verweigert er die Zustimmung, kann die Mieterin kündigen.

2. In einer Wohngemeinschaft, die eine 3-Zimmer-Wohnung mit ca. 70 m^2 Wohnfläche bewohnt, leben bereits vier Erwachsene und zwei Kinder. Hier könnte der Vermieter den Zuzug einer weiteren erwachsenen Person verweigern. Ein Recht zur Kündigung leitet sich aus der Ablehnung nicht ab.

> *§ 540 Gebrauchsüberlassung an Dritte. (1) Der Mieter ist ohne die Erlaubnis des Vermieters nicht berechtigt, den Gebrauch der Mietsache einem Dritten zu überlassen, insbesondere sie weiterzuvermieten. Verweigert der Vermieter die Erlaubnis, so kann der Mieter das Mietverhältnis außerordentlich mit der gesetzlichen Frist kündigen, sofern nicht in der*

Person des Dritten ein wichtiger Grund vorliegt. (2) Überlässt der Mieter den Gebrauch einem Dritten, so hat er ein dem Dritten bei dem Gebrauch zur Last fallendes Verschulden zu vertreten, auch wenn der Vermieter die Erlaubnis zur Überlassung erteilt hat.

§ 553 BGB: Gestattung der Gebrauchsüberlassung an Dritte. (1) Entsteht für den Mieter nach Abschluss des Mietvertrags ein berechtigtes Interesse, einen Teil des Wohnraums einem Dritten zum Gebrauch zu überlassen, so kann er von dem Vermieter die Erlaubnis hierzu verlangen. Dies gilt nicht, wenn in der Person eines Dritten ein wichtiger Grund vorliegt, der Wohnraum übermäßig belegt würde oder dem Vermieter die Überlassung aus sonstigen Gründen nicht zugemutet werden kann. (2) Ist dem Vermieter die Überlassung nur bei einer angemessenen Erhöhung der Miete zuzumuten, so kann er die Erlaubnis davon abhängig machen, dass der Mieter sich mit einer solchen Erhöhung einverstanden erklärt. (3) Eine zum Nachteil des Mieters abweichende Vereinbarung ist unwirksam.

2.1.2 Barrierefreiheit

Der Mieter hat das Recht, vom Vermieter die Duldung der Durchführung von Maßnahmen zu verlangen, die für eine behindertengerechte Nutzung der Wohnung erforderlich sind. Die Kosten für diese Maßnahmen sind vom Mieter zu tragen.

Beispiel: Ein Mieter im zweiten Stock eines Mietshauses ohne Personenaufzug erhält ein künstliches Knie- oder Hüftgelenk und benötigt daher auch an der anderen Seite der Treppe einen Handlauf. Es ist nun zu prüfen, ob der zweite Handlauf die Interessen der anderen Mieter im Haus beeinträchtigt. Hiervon ist nicht auszugehen, daher ist die Zustimmung zur Anbringung des zweiten Handlaufs in den meisten Fällen zu erteilen.

> *§ 554a Barrierefreiheit. (1) Der Mieter kann vom Vermieter die Zustimmung zu baulichen Veränderungen oder sonstigen Einrichtungen verlangen, die für eine behindertengerechte Nutzung der Mietsache oder den Zugang zu ihr erforderlich sind, wenn er ein berechtigtes Interesse daran hat. Der Vermieter kann seine Zustimmung verweigern, wenn sein Interesse an der unveränderten Erhaltung der Mietsache oder des Gebäudes das Interesse des Mieters an einer behindertengerechten Nutzung der Mietsache überwiegt. Dabei sind auch die berechtigten Interessen anderer Mieter in dem Gebäude zu berücksichtigen. (2) Der Vermieter kann seine Zustimmung von der Leistung einer angemessenen zusätzlichen Sicherheit für die Wiederherstellung des ursprünglichen Zustandes abhängig machen. § 551 Abs. 3 und 4 gilt entsprechend. (3) Eine zum Nachteil des Mieters von Absatz 1 abweichende Vereinbarung ist unwirksam.*

2.1.3 Mietminderung, Recht auf Schadensersatz und Wegnahmerecht des Mieters

Mieter haben das Recht, die Miete aus verschiedenen Gründen um einen gewissen Prozentsatz zu mindern. Dieses Recht ergibt sich automatisch aus § 236 BGB. Die geminderte Miete gilt als vereinbart, ohne dass sich der Mieter darauf berufen muss. Ist der Minderungsgrund beseitigt, schuldet der Mieter ebenso automatisch wieder die volle Miete. Ein Verschulden des Vermieters muss für eine Mietminderung nicht vorliegen.

Entsteht zum Beispiel durch eine nahe gelegene Straßenbaustelle eine Beeinträchtigung des Mieters (Lärmbelästigung), so kann die Miete um 15 % reduziert werden.

Die Minderungsquoten richten sich nach der aktuellen Rechtsprechung und den Mietminderungsspiegeln, die zurzeit folgende Sätze je nach dem Grad der Beeinträchtigung zu den häufigsten Mängeln vorsehen:

Lärmbelästigung	10 - 50 %
Ungeziefer	10 - 15 %
undichte bzw. schimmelige Fenster	10 - 50 %
Wasserschaden	25 - 50 %
Heizungsmängel u. daraus resultierende Lärmbelästigung	10 - 75 %
Schimmelbildung (erheblich)	20 %
Ausfall der Warmwasserversorgung	7,5 - 15 %
bevorstehende Zwangsräumung	50 %
Balkon ist nicht benutzbar	15 %

§ 536 Mietminderung bei Sach- und Rechtsmängeln. (1) Hat die Mietsache zur Zeit der Überlassung an den Mieter einen Mangel, der ihre Tauglichkeit zum vertragsgemäßen Gebrauch aufhebt, oder entsteht während der Mietzeit ein solcher Mangel, so ist der Mieter für die Zeit, in der die Tauglichkeit aufgehoben ist, von der Entrichtung der Miete befreit. Für die Zeit, während der die Tauglichkeit gemindert ist, hat er nur eine angemessen herabgesetzte Miete zu entrichten. Eine unerhebliche Minderung der Tauglichkeit bleibt außer Betracht. (2) Absatz 1 Satz 1 und 2 gilt auch, wenn eine zugesicherte Eigenschaft fehlt oder später wegfällt. (3) Wird dem Mieter der vertragsgemäße Gebrauch der Mietsache durch

> *das Recht eines Dritten ganz oder zum Teil entzogen, so gelten die Absätze 1 und 2 entsprechend. (4) Bei einem Mietverhältnis über Wohnraum ist eine zum Nachteil des Mieters abweichende Vereinbarung unwirksam.*

Neben dem Recht auf Mietminderung besteht das Recht auf Schadensersatz, den der Mieter vom Vermieter bei Mängeln unter mindestens einer der folgenden Voraussetzungen verlangen kann:

- Der Mangel bestand bereits bei Beginn des Mietverhältnisses.
- Der Mangel entsteht später wegen eines Umstands, den der Vermieter zu vertreten hat.
- Der Vermieter ist mit der Mängelbeseitigung in Verzug.

Kein Recht auf Schadensersatz besteht bei Ansprüchen, die sich aus dem § 823 BGB ergeben. Dies sind Schadensersatzpflichten aus nebenvertraglichen Schutzpflichten, wie z. B. Forderungen und andere deliktische Schadensersatzansprüche, beispielsweise aus Verkehrssicherungspflichten.

Handelt es sich um einen Mängelbeseitigungsanspruch des Mieters, so kann dieser den Mangel beseitigen und vom Vermieter Aufwendungsersatz verlangen. Voraussetzung dafür sind entsprechende Aufforderungen zur Mängelbeseitigung an den Vermieter. Ferner muss der Vermieter die Nichtbeseitigung des Mangels vertreten.

Der Vermieter kann Ansprüche des Mieters zurückweisen, wenn es sich um unerhebliche Mängel der Mietsache handelt. Dies ist in der Praxis meistens bei kleineren Schönheitsmängeln sowie kurzzeitigen Defekten der Fall.

§ 536a Schadens- und Aufwendungsersatzanspruch des Mieters wegen eines Mangels. (1) Ist ein Mangel im Sinne des § 536 bei Vertragsschluss vorhanden oder entsteht ein solcher Mangel später wegen eines Umstands, den der Vermieter zu vertreten hat, oder kommt der Vermieter mit der Beseitigung eines Mangels in Verzug, so kann der Mieter unbeschadet der Rechte aus § 636 Schadensersatz verlangen. (2) Der Mieter kann den Mangel selbst beseitigen und Ersatz der erforderlichen Aufwendungen verlangen, wenn 1. der Vermieter mit der Beseitigung des Mangels in Verzug ist oder 2. die umgehende Beseitigung des Mangels zur Erhaltung oder Wiederherstellung des Bestands der Mietsache notwendig ist.

§ 536b Kenntnis des Mieters vom Mangel bei Vertragsabschluss oder Annahme. Kennt der Mieter bei Vertragsschluss den Mangel der Mietsache, so stehen ihm die Rechte aus den §§ 536 und 536a nicht zu. Ist ihm der Mangel infolge grober Fahrlässigkeit unbekannt geblieben, so stehen ihm diese Rechte nur zu, wenn der Vermieter den Mangel arglistig verschwiegen hat. Nimmt der Mieter eine mangelhafte Sache an, obwohl er den Mangel kennt, so kann er die Rechte aus den §§ 536 und 536a nur geltend machen, wenn er sich seine Rechte aus der Annahme vorbehält.

§ 536c Während der Mietzeit auftretende Mängel; Mängelanzeige durch den Mieter. (1) Zeigt sich im Laufe der Mietzeit ein Mangel der Mietsache oder wird eine Maßnahme zum Schutz der Mietsache gegen eine nicht vorhergesehene Gefahr erforderlich, so hat der Mieter dies dem Vermieter unverzüglich anzuzeigen. Das Gleiche gilt, wenn ein Dritter sich ein Recht an der Sache anmaßt. (2) Unterlässt der Mie-

ter die Anzeige, so ist er dem Vermieter zum Ersatz des daraus resultierenden Schadens verpflichtet. Soweit der Vermieter infolge der Unterlassung der Anzeige nicht Abhilfe schaffen konnte, ist der Mieter nicht berechtigt, 1. die in § 536 bestimmten Rechte geltend zu machen, 2. nach § 536a Abs. 1 Schadensersatz zu verlangen oder 3. ohne Bestimmung einer angemessenen Frist zur Abhilfe nach § 543 Abs. 3 Satz 1 zu kündigen.

§ 536d Vertraglicher Ausschluss von Rechten des Mieters wegen eines Mangels. Auf eine Vereinbarung, durch die die Rechte des Mieters wegen eines Mangels der Mietsache ausgeschlossen oder beschränkt werden, kann sich der Vermieter nicht berufen, wenn er den Mangel arglistig verschwiegen hat.

§ 539 Ersatz sonstiger Aufwendungen und Wegnahmerecht des Mieters. (1) Der Mieter kann vom Vermieter Aufwendungen auf die Mietsache, die der Vermieter ihm nicht nach § 536a Abs. 2 zu ersetzen hat, nach den Vorschriften über die Geschäftsführung ohne Auftrag ersetzt verlangen. (2) Der Mieter ist berechtigt, eine Einrichtung wegzunehmen, mit der er die Mietsache versehen hat.

2.1.4 Recht auf vertragsgemäßen Gebrauch der Mietsache

Der Mieter hat einen Abwehr- bzw. Unterlassunganspruch auf Schutz gegen alle Störungen, die den vertragsgemäßen Gebrauch der Mietsache betreffen. Bei unerträglichen Störungen kann der Mieter fristlos kündigen oder die fristlose Kündigung des Störers fordern.

Beispiel: Ist die vertragsgemäße Nutzung einer Wohnung (Wohnnutzung) nicht möglich, weil eine andere Mietpartei den Hausfrieden auf extreme Weise stört, kann die Kündigung des Mieters gerechtfertigt sein.

2.1.5 Kündigung und Sonderkündigungsrecht

Nach § 573c kann der Mieter jeweils bis spätestens am dritten Werktag eines Kalendermonats zum Ablauf des übernächsten Monats kündigen.

Beispiel:
Der Mieter kündigt am 01.03. seine Wohnung – das Mietverhältnis endet zum 31.05.

Über die ordentliche Kündigung hinaus hat der Mieter das Recht, nach einer Mieterhöhung das Mietverhältnis außerordentlich zu kündigen.

> *§ 561 Sonderkündigungsrecht des Mieters nach Mieterhöhung. (1) Macht der Vermieter eine Mieterhöhung nach § 558 oder § 559 geltend, so kann der Mieter bis zum Ablauf des zweiten Monats nach dem Zugang der Erklärung des Vermieters das Mietverhältnis außerordentlich zum Ablauf des übernächsten Monats kündigen. Kündigt der Mieter, so tritt die Mieterhöhung nicht ein. (2) Eine zum Nachteil des Mieters abweichende Vereinbarung ist unwirksam.*

Ferner steht dem Mieter nach § 569 frei, das Mietverhältnis aus folgenden Gründen außerordentlich und fristlos zu kündigen:

- Die Nutzung des Wohnraums ist mit einer erheblichen Gefährdung der Gesundheit verbunden.

- Der Hausfrieden wird durch eine Vertragspartei nachhaltig und andauernd gestört (siehe auch Kapitel 2.1.4).

Auch hier gilt, dass der Mieter den Vermieter unter Angabe der Mängel und einer angemessenen Fristsetzung zuvor abmahnen muss. Handelt es sich um einen vom Mieter in grob fahrlässiger Weise verursachten Mangel, kann die außerordentliche fristlose Kündigung durch den Mieter ausgeschlossen sein.

> *§ 569 Außerordentliche fristlose Kündigung aus wichtigem Grund. (1) Ein wichtiger Grund im Sinne des § 543 Abs. 1 liegt für den Mieter auch vor, wenn der gemietete Wohnraum so beschaffen ist, dass seine Benutzung mit einer erheblichen Gefährdung der Gesundheit verbunden ist. Dies gilt auch, wenn der Mieter die Gefahr bringende Beschaffenheit bei Vertragsschluss gekannt oder darauf verzichtet hat, die ihm wegen dieser Beschaffenheit zustehenden Rechte geltend zu machen. (2) Ein wichtiger Grund im Sinne des § 543 Abs. 1 liegt ferner vor, wenn eine Vertragspartei den Hausfrieden nachhaltig stört, so dass dem Kündigenden unter Berücksichtigung aller Umstände des Einzelfalls, insbesondere eines Verschuldens der Vertragsparteien, und unter Abwägung der beiderseitigen Interessen die Fortsetzung des Mietverhältnisses bis zum Ablauf der Kündigungsfrist oder bis zur sonstigen Beendigung des Mietverhältnisses nicht zugemutet werden kann. (...)*

2.1.6 Widerspruchsrecht bei Kündigung

Der Mieter kann aus sozialen Gründen einer Kündigung des Vermieters widersprechen und die Fortsetzung des Mietverhältnisses fordern. Erhält der Mieter eine Kündigung, die sich auf die §§ 573 bis 573d (aufgeführt in Kapitel 2.2.6) bezieht, gilt folgende Sozialklausel:

> *§ 574 Widerspruch des Mieters gegen die Kündigung. (1) Der Mieter kann der Kündigung des Vermieters widersprechen und von ihm die Fortsetzung des Mietverhältnisses verlangen, wenn die Beendigung des Mietverhältnisses für den Mieter, seine Familie oder einen anderen Angehörigen seines Haushalts eine Härte bedeuten würde, die auch unter Würdigung der berechtigten Interessen des Vermieters nicht zu rechtfertigen ist. Dies gilt nicht, wenn ein Grund vorliegt, der den Vermieter zur außerordentlichen fristlosen Kündigung berechtigt. (2) Eine Härte liegt auch dann vor, wenn angemessener Ersatzwohnraum zu zumutbaren Bedingungen nicht beschafft werden kann. (3) Bei der Würdigung der berechtigten Interessen des Vermieters werden nur die in dem Kündigungsschreiben nach § 573 Abs. 3 angegebenen Gründe berücksichtigt, außer wenn die Gründe nachträglich entstanden sind. (4) Eine zum Nachteil des Mieters abweichende Vereinbarung ist unwirksam.*

2.2 Rechte des Vermieters

2.2.1 Kaution und Verrechnung der Kaution mit Mietrückständen

Eine gesetzliche Verpflichtung zur Forderung von Mietsicherheiten besteht nicht. Art und Höhe der Kaution müssen im Mietvertrag vereinbart werden.

Der Vermieter ist berechtigt, vom Mieter eine Sicherheitsleistung in Höhe von höchstens drei Monatsnettomieten zu fordern. Diese Sicherheitsleistung muss getrennt vom Vermögen des Vermieters angelegt, verzinst und dem Mieter bei Beendigung des Mietverhältnisses wieder ausgehändigt werden. Die Kaution darf mit Mietrückständen verrechnet werden, eine Verpflichtung des Vermieters zur Verrechnung besteht allerdings nicht.

Wird die Kaution in Form einer Bankbürgschaftsurkunde erbracht, so ist der Mieter verpflichtet, diese dem Vermieter im Original auszuhändigen. Nach Beendigung des Mietverhältnisses ist die Urkunde an den Mieter zurückzugeben.

> *§ 551 Begrenzung und Anlage von Mietsicherheiten. (1) Hat der Mieter dem Vermieter für die Erfüllung seiner Pflichten Sicherheit zu leisten, so darf diese vorbehaltlich des Absatzes 3 Satz 4 höchstens das Dreifache der auf einen Monat entfallenden Miete ohne die als Pauschale oder als Vorauszahlung ausgewiesenen Betriebskosten betragen. (2) Ist als Sicherheit eine Geldsumme bereitzustellen, so ist der Mieter zu drei gleichen monatlichen Teilzahlungen berechtigt. Die erste Teilzahlung ist zu Beginn des Mietverhältnisses fällig. (3) Der Vermieter hat eine ihm als Sicherheit überlassene Geldsumme bei*

einem Kreditinstitut zu dem für Spareinlagen mit dreimonatiger Kündigungsfrist üblichen Zinssatz anzulegen. Die Vertragsparteien können eine andere Anlageform vereinbaren. In beiden Fällen muss die Anlage vom Vermögen des Vermieters getrennt erfolgen und stehen die Erträge dem Mieter zu. Sie erhöhen die Sicherheit. Bei Wohnraum in einem Studenten- oder Jugendwohnheim besteht für den Vermieter keine Pflicht, die Sicherheitsleistung zu verzinsen. (4) Eine zum Nachteil des Mieters abweichende Vereinbarung ist unwirksam.

2.2.2 Mieterhöhungen und Modernisierungserhöhungen

Mieterhöhungen können entweder durch eine Klausel im Mietvertrag (Staffelmiete oder Orientierung an einer Indexklausel) oder durch ein Mieterhöhungsverlangen des Vermieters, welchem der Mieter zustimmen muss, vereinbart werden.

Die Mieterhöhung im Falle der Staffelmiete erfolgt automatisch. Bei längerfristigen Mietverhältnissen hat die Vereinbarung einer Staffelmiete den Nachteil, dass die Mietpreisentwicklung oft nur schwer abgeschätzt werden kann.

§ 557a Staffelmiete. (1) Die Miete kann für bestimmte Zeiträume in unterschiedlicher Höhe schriftlich vereinbart werden; in der Vereinbarung ist die jeweilige Miete oder die jeweilige Erhöhung in einem Geldbetrag auszuweisen (Staffelmiete). (2) Die Miete muss mindestens ein Jahr unverändert bleiben. Während der Laufzeit einer Staffelmiete ist eine Erhöhung nach dem §§ 558 bis 559b ausgeschlossen. (3) Das Kündigungsrecht des Mieters kann höchstens vier Jahre seit Abschluss der Staffelmietvereinbarung ausgeschlossen wer-

den. Die Kündigung ist frühestens zum Ablauf dieses Zeitraums zulässig. (4) Eine zum Nachteil des Mieters abweichende Vereinbarung ist unwirksam.

Wie die Staffelmiete muss auch die Indexmiete im Mietvertrag vereinbart worden sein. Die Mieterhöhung wird nicht automatisch fällig, sondern muss vom Vermieter in Textform angefordert werden. Im Erhöhungsverlangen für die Erhöhung auf Indexbasis hat der Vermieter die Indexänderung darzustellen, also den bisherigen und den neuen Indexstand nach Punkten sowie die Änderung in Punkten und die daraus errechnete Änderung in Prozenten.

§ 557b Indexmiete. (1) Die Vertragsparteien können schriftlich vereinbaren, dass die Miete durch den vom Statistischen Bundesamt ermittelten Preisindex für die Lebenshaltung aller privaten Haushalte in Deutschland bestimmt wird (Indexmiete). (2) Während der Geltung einer Indexmiete muss die Miete, von Erhöhungen nach den §§ 559 bis 560 abgesehen, jeweils mindestens ein Jahr unverändert bleiben. Eine Erhöhung nach § 559 kann nur verlangt werden, soweit der Vermieter bauliche Maßnahmen aufgrund von Umständen durchgeführt hat, die er nicht zu vertreten hat. Eine Erhöhung nach § 558 ist ausgeschlossen. (3) Eine Änderung der Miete nach Absatz 1 muss durch Erklärung in Textform geltend gemacht werden. Dabei sind die eingetretene Änderung des Preisindexes sowie die jeweilige Miete oder die Erhöhung in einem Geldbetrag anzugeben. Die geänderte Miete ist mit Beginn des übernächsten Monats nach dem Zugang der Erklärung zu entrichten. (4) Eine zum Nachteil des Mieters abweichende Vereinbarung ist unwirksam.

Die Grenze für Mieterhöhungen ist stets die ortsübliche Vergleichsmiete, außerdem darf die Miete nicht um mehr als 20 % in drei Jahren gesteigert werden. Die ortsübliche Vergleichsmiete kann definiert werden, indem die Mieten für drei, möglichst in Baujahr, Lage, Ausstattung und Fläche gleichwertige Objekte gesammelt bzw. ausfindig gemacht werden.

Das Mieterhöhungsverlangen muss dem Mieter in Textform zugestellt und entsprechend begründet werden. Die Begründung kann sich auf die ortsübliche Vergleichsmiete oder einen Mietspiegel der Stadt oder Gemeinde beziehen.

Damit die Mieterhöhung in Kraft treten kann, muss der Mieter dem Mieterhöhungsverlangen zustimmen. Erfolgt die Zustimmung, ist die erhöhte Miete mit Beginn des dritten Kalendermonats nach dem Zugang des Erhöhungsverlangens fällig. Stimmt der Mieter nicht zu, kann der Vermieter auf Zustimmung klagen. Diese Klage muss innerhalb von drei Monaten erhoben werden.

> *§ 558 Mieterhöhung bis zur ortsüblichen Vergleichsmiete. (1) Der Vermieter kann die Zustimmung zu einer Erhöhung der Miete bis zur orsüblichen Vergleichsmiete verlangen, wenn die Miete in dem Zeitpunkt, zu dem die Erhöhung eintreten soll, seit 15 Monaten unverändert ist. Das Mieterhöhungsverlangen kann frühestens ein Jahr nach der letzten Mieterhöhung geltend gemacht werden. Erhöhungen nach den §§ 559 bis 560 werden nicht berücksichtigt. (2) Die ortsübliche Vergleichsmiete wird gebildet aus den üblichen Entgelten, die in der Gemeinde oder einer vergleichbaren Gemeinde für Wohnraum vergleichbarer Art, Größe, Ausstattung, Beschaffenheit und Lage in den letzten vier Jahren vereinbart oder,*

von Erhöhungen nach § 560 abgesehen, geändert worden sind. Ausgenommen ist Wohnraum, bei dem die Miethöhe durch Gesetz oder im Zusammenhang mit einer Förderzusage festgelegt worden ist. (3) Bei Erhöhungen nach Absatz 1 darf sich die Miete innerhalb von drei Jahren, von Erhöhungen nach den §§ 559 bis 560 abgesehen, nicht um mehr als 20 vom Hundert erhöhen (Kappungsgrenze). (4) Die Kappungsgrenze gilt nicht, 1. wenn eine Verpflichtung des Mieters zur Ausgleichszahlung nach den Vorschriften über den Abbau der Fehlsubventionierung im Wohnungswesen wegen des Wegfalls der öffentlichen Bindung erloschen ist, 2. soweit die Erhöhung den Betrag der zuletzt zu entrichtenden Ausgleichszahlung nicht übersteigt. Der Vermieter kann vom Mieter frühestens vier Monate vor dem Wegfall der öffentlichen Bindung verlangen, ihm innerhalb eines Monats über die Verpflichtung zur Ausgleichszahlung und über deren Höhe Auskunft zu erteilen. Satz 1 gilt entsprechend, wenn die Verpflichtung des Mieters zur Leistung einer Ausgleichszahlung nach den §§ 34 bis 37 des Wohnraumförderungsgesetzes und den hierzu ergangenen landesrechtlichen Vorschriften wegen Wegfalls der Mietbindung erloschen ist. (5) Von dem Jahresbetrag, der sich bei einer Erhöhung auf die ortsübliche Vergleichsmiete ergäbe, sind Drittmittel im Sinne des § 559a abzuziehen, im Falle des § 559a Abs. 1 mit 11 vom Hundert des Zuschusses. (6) Eine zum Nachteil des Mieters abweichende Vereinbarung ist unwirksam.

§ 558a Form und Begründung der Mieterhöhung. (1) Das Mieterhöhungsverlangen nach § 558 ist dem Mieter in Textform zu erklären und zu begründen. (2) Zur Begründung kann insbesondere Bezug genommen werden auf 1. einen Mietspie-

gel (§ 558c, 558d), 2. eine Auskunft aus einer Mietdatenbank (558e), 3. ein mit Gründen versehenes Gutachten eines öffentlich bestellten und vereidigten Sachverständigen, 4. entsprechende Entgelte für einzelne vergleichbare Wohnungen, hierbei genügt die Benennung von drei Wohnungen. (3) Enthält ein qualifizierter Mietspiegel (558d Abs. 1), bei dem die Vorschrift des § 558d Abs. 2 eingehalten ist, Angaben für die Wohnung, so hat der Vermieter in seinem Mieterhöhungsverlangen diese Angaben auch dann mitzuteilen, wenn er die Mieterhöhung auf ein anderes Begründungsmittel nach Absatz 2 stützt. (4) Bei der Bezugnahme auf einen Mietspiegel, der Spannen enthält, reicht es aus, wenn die verlangte Miete innerhalb der Spanne liegt. Ist in dem Zeitpunkt, in dem der Vermieter seine Erklärung abgibt, kein Mietspiegel vorhanden, bei dem § 558c Abs. 3 oder § 588d Abs. 2 eingehalten ist, so kann auch ein anderer, insbesondere ein veralteter Mietspiegel oder ein Mietspiegel einer vergleichbaren Gemeinde verwendet werden. (5) Eine zum Nachteil des Mieters abweichende Vereinbarung ist unwirksam.

§ 558b Zustimmung zur Mieterhöhung. (1) Soweit der Mieter der Mieterhöhung zustimmt, schuldet er die erhöhte Miete mit Beginn des dritten Kalendermonats nach dem Zugang des Erhöhungsverlangens. (2) Soweit der Mieter der Mieterhöhung nicht bis zum Ablauf des zweiten Kalendermonats nach dem Zugang des Verlangens zustimmt, kann der Vermieter auf Erteilung der Zustimmung klagen. Die Klage muss innerhalb von drei weiteren Monaten erhoben werden. (3) Ist der Klage ein Erhöhungsverlangen vorausgegangen, das den Anforderungen des § 558a nicht entspricht, so kann es der Vermieter im Rechtsstreit nachholen oder die Mängel des Erhöhungsverlan-

gens beheben. Dem Mieter steht auch in diesem Fall die Zustimmungsfrist nach Absatz 2 Satz 1 zu. (4) Eine zum Nachteil des Mieters abweichende Vereinbarung ist unwirksam.

Die Mieterhöhung nach § 558 BGB berührt nicht Mieterhöhungen aus Modernisierungsmaßnahmen. Entspricht die Mieterhöhungserklärung des Vermieters den gesetzlichen Bestimmungen, hat diese eine unmittelbar vertragsändernde Wirkung. Der Vermieter muss in einem solchen Fall also nicht auf Zustimmung zur Mieterhöhung klagen.

Modernisierungsmaßnahmen sind Maßnahmen, die den Gebrauchswert der Mietsache nachhaltig erhöhen, die allgemeinen Wohnverhältnisse auf Dauer verbessern, nachhaltige Einsparung von Wasser oder Energie bewirken oder wenn der Vermieter andere bauliche Maßnahmen resultierend aus Umständen durchführt, die er nicht zu vertreten hat.

Der Vermieter ist verpflichtet, dem Mieter in Textform folgende Informationen zukommen zu lassen: Die entstandenen Kosten müssen berechnet und erläutert werden, insbesondere, wenn sich die Modernisierungsmaßnahme über mehrere Wohnungen erstreckt und entsprechend aufgeteilt wird. Dann ist dem Mieter auch der verwendete Umlageschlüssel mitzuteilen. Von den errechneten Kosten darf die Mieterhöhung maximal 11 % betragen.

Die höhere Miete wird mit Beginn des dritten Monats nach dem Zugang der Erhöhungserklärung geschuldet. Hat der Vermieter versäumt, die Erhöhung vor Beginn der Modernisierung mitzuteilen, dann verlängert sich der Zeitraum bis zum Beginn der Zahlungspflicht der höheren Miete um sechs Monate (§ 559b BGB).

Beispiel:
Dem Mieter geht am 30.03. die Mitteilung über eine Modernisierungserhöhung zu. Die Arbeiten beginnen zum 01.05. Entspricht die Mitteilung den gesetzlichen Vorgaben, so wird die erhöhte Miete zum 01.06. fällig. Wurde die Erhöhung nicht gemäß den Vorgaben angekündigt oder ist die Mieterhöhung mehr als 10 % höher als angekündigt, so greift die Mieterhöhung erst zum 01.12.

Wichtig bei der Berechnung von Modernisierungserhöhungen ist, dass sämtliche staatlichen Zuschüsse oder Darlehen Dritter sowie Instandsetzungsanteile herausgerechnet werden müssen. Diese Kosten dürfen nicht prozentual auf den Mieter umgelegt werden.

§ 559 Mieterhöhung bei Modernisierung. (1) Hat der Vermieter bauliche Maßnahmen durchgeführt, die den Gebrauchswert der Mietsache nachweislich erhöhen, die allgemeinen Wohnverhältnisse auf Dauer verbessern oder nachhaltig Einsparungen von Energie oder Wasser bewirken (Modernisierung), oder hat er andere bauliche Maßnahmen auf Grund von Umständen durchgeführt, die er nicht zu vertreten hat, so kann er die jährliche Miete um 11 vom Hundert der für die Wohnung aufgewendeten Kosten erhöhen. (2) Sind die baulichen Maßnahmen für mehrere Wohnungen durchgeführt worden, so sind die Kosten angemessen auf die einzelnen Wohnungen aufzuteilen. (3) Eine zum Nachteil des Mieters abweichende Vereinbarung ist unwirksam.

§ 559b Geltendmachung der Erhöhung, Wirkung der Erhöhungserklärung. (1) Die Mieterhöhung nach § 559 ist dem Mieter in Textform zu erklären. Die Erklärung ist nur wirksam, wenn in ihr die Erhöhung auf Grund der entstandenen

Kosten berechnet und entsprechend den Voraussetzungen der §§ 559 und 559a erläutert wird. (2) Der Mieter schuldet die erhöhte Miete mit Beginn des dritten Monats nach dem Zugang der Erklärung. Die Frist verlängert sich um sechs Monate, wenn der Vermieter dem Mieter die zu erwartende Erhöhung der Miete nicht nach § 554 Abs. 3 Satz 1 mitgeteilt hat oder wenn die tatsächliche Mieterhöhung mehr als 10 vom Hundert höher ist als die mitgeteilte. (3) Eine zum Nachteil des Mieters abweichende Vereinbarung ist unwirksam.

2.2.3 Veränderungen der Betriebskosten

Der Vermieter kann vom Mieter eine Anpassung der Betriebskostenpauschale verlangen, sofern dies im Mietvertrag vereinbart wurde. Das Verlangen muss dem Mieter unter Angabe und Erläuterung der Gründe in schriftlicher Form zugestellt werden. Der Mieter schuldet die Zahlung der höheren Betriebskosten dann zum Anfang des übernächsten Monats.

Falls im Mietvertrag die Umlage der Betriebskosten nach § 2 Betriebskostenverordnung vereinbart ist, kann eine Anpassung jährlich auf Grundlage der Betriebskostenabrechnung erfolgen. Dabei ist der Grundsatz der Wirtschaftlichkeit zu berücksichtigen.

Spricht das Mietrecht von Textform, so kann das Anpassungsverlangen auch per E-Mail zugestellt werden. In der Praxis ist eine solche Vorgehensweise jedoch nicht empfehlenswert.

§ 560 Veränderungen von Betriebskosten. (1) Bei einer Betriebskostenpauschale ist der Vermieter berechtigt, Erhöhungen der Betriebskosten durch Erklärung in Textform anteilig

auf den Mieter umzulegen, soweit dies im Mietvertrag vereinbart ist. Die Erklärung ist nur wirksam, wenn in ihr der Grund für die Umlage bezeichnet und erläutert wird. (2) Der Mieter schuldet den auf ihn entfallenden Teil der Umlage mit Beginn des auf die Erklärung folgenden übernächsten Monats. Soweit die Erklärung darauf beruht, dass sich die Betriebskosten rückwirkend erhöht haben, wirkt sie auf den Zeitpunkt der Erhöhung der Betriebskosten, höchstens jedoch auf den Beginn des der Erklärung vorausgehenden Kalenderjahres zurück, sofern der Vermieter die Erklärung innerhalb von drei Monaten nach Kenntnis von der Erhöhung abgibt. (3) Ermäßigen sich die Betriebskosten, so ist eine Betriebskostenpauschale vom Zeitpunkt der Ermäßigung an entsprechend herabzusetzen. Die Ermäßigung ist dem Mieter unverzüglich mitzuteilen. (4) Sind Betriebskostenvorauszahlungen vereinbart worden, so kann jede Vertragspartei nach einer Abrechnung durch Erklärung in Textform eine Anpassung auf eine angemessene Höhe vornehmen. (5) Bei Veränderungen von Betriebskosten ist der Grundsatz der Wirtschaftlichkeit zu beachten. (6) Eine zum Nachteil des Mieters abweichende Vereinbarung ist unwirksam.

2.2.4 Vermieterpfandrecht

Das Pfandrecht des Vermieters soll dem Vermieter dazu verhelfen, Forderungen aus dem Mietverhältnis geltend zu machen, insbesondere aus Mietrückständen, Betriebskostennachzahlungen und Beschädigung der Mietsache. In der Praxis kommt dem Vermieterpfandrecht allerdings kaum Bedeutung zu, da die Vorgehensweise und die Verwertung der gepfändeten Sachen strengen Regelungen unterliegen.

Gepfändet werden dürfen Sachen, die der Mieter eingebracht hat. Vorübergehend in den Räumen abgestellte Sachen dürfen nicht gepfändet werden, ebenso dürfen keine Gegenstände nach § 562 Abs. 1 Satz 2 BGB gepfändet werden, da der Mieter diese Gegenstände für seine Haushaltsführung benötigt.

Die Gegenstände müssen sich im Eigentum des Mieters befinden.

Beispiele:
Der Mietvertrag wurde mit Herrn X geschlossen. Das Fahrzeug gehört aber Frau X. In diesem Fall befindet sich das Fahrzeug nicht im Eigentum des Herrn X und darf daher auch nicht gepfändet werden.

Auf verlängerte Eigentumsvorbehalte von Sachen muss Rücksicht genommen werden. Die noch nicht bezahlte Stereoanlage kann also beispielsweise nicht vom Vermieter gepfändet werden.

Der Vermieter darf den Abtransport der pfändbaren Gegenstände verhindern. Macht er von diesem Selbsthilferecht keinen Gebrauch, kann er innerhalb eines Monats nach der Entfernung auf Herausgabe klagen.

Die gepfändeten Sachen darf der Vermieter in seinen Besitz nehmen, sie allerdings nicht verkaufen, behalten oder selbst benutzen. Hier ist der Weg der öffentlichen Versteigerung nach § 1235 BGB einzuhalten.

Das Vermieterpfandrecht erlischt mit der Entfernung der Sachen vom Grundstück, wenn die Entfernung nicht unter Widerspruch oder ohne Wissen des Vermieters erfolgt ist.

§ 562 Umfang des Vermieterpfandrechts. (1) Der Vermieter hat für seine Forderungen aus dem Mietverhältnis ein Pfandrecht an den eingebrachten Sachen des Mieters. Es erstreckt sich nicht auf Sachen, die der Pfändung nicht unterliegen. (2) Für künftige Entschädigungsforderungen und für die Miete für eine spätere Zeit als das laufende und folgende Mietjahr kann das Pfandrecht nicht geltend gemacht werden.

§ 562a Erlöschen des Vermieterpfandrechts. Das Pfandrecht des Vermieters erlischt mit der Entfernung der Sachen von dem Grundstück, außer wenn dies ohne Wissen oder unter Widerspruch des Vermieters erfolgt. Der Vermieter kann nicht widersprechen, wenn sie den gewöhnlichen Lebensverhältnissen entspricht oder wenn die zurückbleibenden Sachen zur Sicherung des Vermieters offenbar ausreichen.

§ 562b Selbsthilferecht, Herausgabeanspruch. (1) Der Vermieter darf die Entfernung der Sachen, die seinem Pfandrecht unterliegen, auch ohne Anrufen des Gerichts verhindern, soweit er berechtigt ist, der Entfernung zu widersprechen. Wenn der Mieter auszieht, darf der Vermieter diese Sachen in seinen Besitz nehmen. (2) Sind die Sachen ohne Wissen oder unter Widerspruch des Vermieters entfernt worden, so kann er die Herausgabe zum Zwecke der Zurückschaffung auf das Grundstück und, wenn der Mieter ausgezogen ist, die Überlassung des Besitzes verlangen. Das Pfandrecht erlischt mit dem Ablauf eines Monats, nachdem der Vermieter von der Entfernung der Sachen Kenntnis erlangt hat, wenn er diesen Anspruch nicht vorher gerichtlich geltend gemacht hat.

§ 562c Abwendung des Pfandrechts durch Sicherheitsleistung. Der Mieter kann die Geltendmachung des Pfandrechts des Vermieters durch Sicherheitsleistungen abwenden. Er kann jede einzelne Sache dadurch von dem Pfandrecht befreien, dass er in Höhe ihres Wertes Sicherheit leistet.

§ 562d Pfändung durch Dritte. Wird eine Sache, die dem Pfandrecht des Vermieters unterliegt, für einen anderen Gläubiger gepfändet, so kann diesem gegenüber das Pfandrecht nicht wegen der Miete für eine frühere Zeit als das letzte Jahr vor der Pfändung geltend gemacht werden.

2.2.5 Nutzungsentschädigung bei verspäteter Rückgabe des Wohnraums

Gibt der Mieter den Wohnraum nach Beendigung des Mietverhältnisses nicht oder verspätet zurück, so kann der Vermieter vom Mieter ein Nutzungsentgelt in Höhe der vereinbarten Miete oder vergleichbarer Räumlichkeiten fordern. Die Nutzungsentschädigung ist vom Mieter nur zu zahlen, wenn er die Umstände der verspäteten Rückgabe zu vertreten hat.

Beispiel:
Ein Mieter möchte die Mietsache pünktlich an den Vermieter zurückgeben. Dabei werden sich die Vertragsparteien bei der Übergabe nicht über Art und Ausführung der Schönheitsreparaturen einig. Der Vermieter verweigert daher die Annahme der Mietsache. Dies wäre ein Umstand, den der Mieter nicht zu vertreten hat. Daher hätte der Vermieter keinen Anspruch auf Nutzungsentschädigung.

§ 571 Weiterer Schadensersatz bei verspäteter Rückgabe von Wohnraum. (1) Gibt der Mieter den gemieteten Wohnraum nach Beendigung des Mietverhältnisses nicht zurück, so kann der Vermieter einen weiteren Schaden im Sinne des § 546a Abs. 2 nur geltend machen, wenn die Rückgabe infolge von Umständen unterblieben ist, die der Mieter zu vertreten hat. Der Schaden ist nur insoweit zu ersetzen, als die Billigkeit eine Schadloshaltung erfordert. Dies gilt nicht, wenn der Mieter gekündigt hat. (2) Wird dem Mieter nach § 721 oder § 794a der Zivilprozessordnung eine Räumungsfrist gewährt, so ist er für die Zeit von der Beendigung des Mietverhältnisses bis zum Ablauf der Räumungsfrist zum Ersatz eines weiteren Schadens nicht verpflichtet. (3) Eine zum Nachteil des Mieters abweichende Vereinbarung ist unwirksam.

2.2.6 Kündigung und außerordentliche fristlose Kündigung aus wichtigem Grund

Der Mieter kann seit der Reform des Mietrechts im Jahr 2001 das Mietverhältnis ordentlich mit einer Frist von drei Monaten kündigen. Die Kündigung muss spätestens zum dritten Werktag eines Monats beim Vermieter eingegangen sein und tritt dann zum Ablauf des übernächsten Monats in Kraft.

Beispiel:
Die Kündigung des Mieters erfolgt am 02.06. Das Mietverhältnis endet entsprechend zum 31.08. Erfolgt die Kündigung erst zum 10.06. endet der Mietvertrag zum 30.09.

Ungleich komplizierter gestaltet es sich für Vermieter, ein Mietverhältnis aufzulösen, auch weil der Mieter im Falle einer Kündigung das Recht auf Widerspruch hat (siehe Abschnitt 2.1.6). Das Mietrecht setzt für die Kündigung seitens des Vermieters zunächst ein berechtigtes Interesse an dem Wohnraum voraus, welches im Kündigungsschreiben möglichst detailliert zu beschreiben ist. Ausnahme: Die Kündigung betrifft Wohnraum in einem vom Vermieter selbst bewohnten Gebäude mit nicht mehr als zwei Wohnungen. In einem solchen Fall muss das berechtigte Interesse nicht ausgeführt werden (erleichterte Kündigung des Vermieters).

Zunächst kann das Mietverhältnis aufgelöst werden, wenn eine Pflichtverletzung des Mieters vorliegt. Die Pflichtverletzung muss schuldhaft und in nicht unerheblichem Maße eingetreten sein. Weitere Kündigungsgründe können Eigenbedarf oder eine nicht angemessene wirtschaftliche Verwertung der Immobilie bei weiter bestehendem Mietverhältnis sein.

Beispiele:

- *Pflichtverletzung des Mieters:* Massive und andauernde Störung der anderen Hausbewohner, stets zu spät bezahlte oder nicht bezahlte Miete, nicht vertragsgemäße Nutzung.

- *Eigenbedarf:* Nutzung der Immobilie als Altersruhesitz, Veränderung der Lebensumstände wie Heirat, Scheidung oder Kinderwunsch, Immobilie wird für Familienangehörige benötigt.

- *Nicht angemessene wirtschaftliche Verwertung:* Ein kleines Gebäude steht auf einem großen Grundstück, welches sehr gut veräußert werden könnte, wenn die Wohnräume nicht vermietet wären, da im Falle einer wirtschaftlichen Verwertung das Gebäude abgerissen werden müsste.

Gerade bei problematischen Mietverhältnissen sollte die Hilfe eines Rechtsanwalts in Anspruch genommen werden, um das Kündigungsschreiben rechtlich korrekt zu formulieren, da sich die Gerichte an strenge Vorgaben halten. Ebenso sollte ein Kündigungsschreiben in jedem Fall beweisbar zugestellt werden. Auch hier kann ein Rechtsanwalt die erforderlichen Schritte einleiten.

§ 573 Ordentliche Kündigung des Vermieters. (1) Der Vermieter kann nur kündigen, wenn er ein berechtigtes Interesse an der Beendigung des Mietverhältnisses hat. Die Kündigung zum Zwecke der Mieterhöhung ist ausgeschlossen. (2) Ein berechtigtes Interesse des Vermieters an der Beendigung des Mietverhältnisses liegt insbesondere vor, wenn 1. der Mieter seine vertraglichen Pflichten schuldhaft nicht unerheblich verletzt hat, 2. der Vermieter die Räume als Wohnung für sich, seine Familienangehörigen oder Angehörige seines Haushalts benötigt oder 3. der Vermieter durch die Fortsetzung des Mietverhältnisses an einer angemessenen wirtschaftlichen Verwertung des Grundstücks gehindert und dadurch erhebliche Nachteile erleiden würde; die Möglichkeit, durch eine anderweitige Vermietung als Wohnraum eine höhere Miete zu erzielen, bleibt außer Betracht; der Vermieter kann sich auch nicht darauf berufen, dass er die Mieträume im Zusammenhang mit einer beabsichtigten oder nach Überlassung an den Mieter erfolgten Begründung von Wohnungseigentum veräußern will. (3) Die Gründe für ein berechtigtes Interesse des Vermieters sind in dem Kündigungsschreiben anzugeben. Andere Gründe werden nur berücksichtigt, soweit sie nachträglich entstanden sind. (4) Eine zum Nachteil des Mieters abweichende Vereinbarung ist unwirksam.

Ferner ist der Vermieter bei seiner Kündigung an eine der bisherigen Laufzeit des Mietvertrags angelehnte Frist gebunden. Die Frist beträgt grundsätzlich drei Monate, analog der Kündigung seitens des Mieters. Nach dem fünften und achten Jahr des Mietverhältnisses verlängert sich die Kündigungsfrist um jeweils drei Monate.

Beispiele:
Beginn Mietverhältnis 01.01.2005, Kündigung des Vermieters zum 31.12.2008. Bei diesem dreijährigen Mietverhältnis muss die Kündigung dem Mieter spätestens zum dritten Werktag des Monats Oktober zugestellt werden. Wird dasselbe Mietverhältnis zum 31.12.2011 seitens des Vermieters gekündigt, so muss die Kündigung bis zum dritten Werktag des Monats Juli erfolgen. Analog bei einer Laufzeit von mehr als acht Jahren zum dritten Werktag des Monats April.

In einem vom Vermieter selbst bewohnten Gebäude mit nicht mehr als zwei Wohnungen verlängert sich die Kündigungsfrist um drei Monate, wenn im Kündigungsschreiben kein berechtigtes Interesse ausgeführt wird.

> *§ 573a Erleichterte Kündigung des Vermieters. (1) Ein Mietverhältnis über eine Wohnung in einem vom Vermieter selbst bewohnten Gebäude mit nicht mehr als zwei Wohnungen kann der Vermieter auch kündigen, ohne dass es eines berechtigten Interesses im Sinne des § 573 bedarf. Die Kündigungsfrist verlängert sich in diesem Fall um drei Monate. (2) Absatz 1 gilt entsprechend für Wohnraum innerhalb der vom Vermieter selbst bewohnten Wohnung, sofern der Wohnraum nicht nach § 549 Abs. 2 Nr. 2 vom Mieterschutz ausgenommen ist. (3) In dem Kündigungsschreiben ist anzugeben, dass die Kündigung*

auf die Voraussetzungen des Absatzes 1 oder 2 gestützt wird. (4) Eine zum Nachteil des Mieters abweichende Vereinbarung ist unwirksam.

§ 573c Fristen der ordentlichen Kündigung. (1) Die Kündigung ist spätestens am dritten Werktag eines Kalendermonats zum Ablauf des übernächsten Monats zulässig. Die Kündigungsfrist für den Vermieter verlängert sich nach fünf oder achten Jahren seit der Überlassung des Wohnraums um jeweils drei Monate. (2) Bei Wohnraum, der nur zum vorübergehenden Gebrauch vermietet worden ist, kann eine kürzere Kündigungsfrist vereinbart werden. (3) Bei Wohnraum nach § 549 Abs. 2 Nr. 2 ist die Kündigung spätestens am 15. eines Monats zum Ablauf dieses Monats zulässig. (4) Eine zum Nachteil des Mieters von Absatz 1 oder 3 abweichende Vereinbarung ist unwirksam.

573d Außerordentliche Kündigung mit gesetzlicher Frist. (1) Kann ein Mietverhältnis außerordentlich mit der gesetzlichen Frist gekündigt werden, so gelten mit Ausnahme der Kündigung gegenüber Erben des Mieters nach § 564 die §§ 573 und 573a entsprechend. (2) Die Kündigung ist spätestens am dritten Werktag eines Kalendermonats zum Ablauf des übernächsten Monats zulässig, bei Wohnraum nach § 549 Abs. 2 Nr. 2 spätestens am 15. eines Monats zum Ablauf dieses Monats (gesetzliche Frist). § 573a Abs. 1 Satz 2 findet keine Anwendung. (3) Eine zum Nachteil des Mieters abweichende Vereinbarung ist unwirksam.

Soll ein Mietverhältnis außerordentlich gekündigt werden, schreibt das Gesetz das Vorhandensein eines wichtigen Grundes vor. Wichtige Gründe aus Vermietersicht können sein: Unpünktliche Mietzahlungen, Nichtbezahlen der Kaution, Straftaten und Strafanzeigen, Belästigungen und Beleidigungen, Verletzung von Aufklärungspflichten und Zerrüttung.

In der Praxis werden die meisten Mietverhältnisse wegen Zahlungsverzug außerordentlich gekündigt.

Das Gesetz führt hier aus, dass eine nicht unerhebliche Mietschuld aus zwei Monatsmieten, Kaltmiete und Betriebskostenvorauszahlung, besteht (die Höhe der Monatsmieten ist nicht von Belang). Somit kann das Mietverhältnis gekündigt werden, wenn der Mieter an zwei aufeinanderfolgenden Zeitabschnitten die Miete nicht entrichtet oder wenn über längere Zeit eine Mietschuld aufgelaufen ist, die die Höhe von zwei Monatsmieten übersteigt.

Beispiele:

- Der Mieter schuldet dem Vermieter eine monatliche Miete inkl. Betriebskostenvorauszahlung von 650 Euro. Im Monat März und April geht diese Zahlung nicht auf dem Konto des Vermieters ein. In diesem Fall liegt ein wichtiger Grund zur außerordentlichen Kündigung vor.

- Der Mieter hat seine Betriebskostennachzahlung für das vergangene Jahr in Höhe von 800 Euro nicht bezahlt. Ferner zahlt er nicht die angepasste Betriebskostenvorauszahlung von 50 Euro mehr als bisher. Bei einer Mietzahlung von 700 Euro (gerechnet nach der neuen Betriebskostenvorauszahlung), läuft nach zwölf Monaten der Betrag von 1400 Euro auf. Somit liegt ein wichtiger Grund zur außerordentlichen Kündigung vor.

Vor einer außerordentlichen Kündigung aus wichtigem Grund ist stets nach der aktuellen Rechtsprechung juristisch zu prüfen, ob der Mieter vorher abgemahnt werden muss!

> *§ 443 Außerordentliche fristlose Kündigung aus wichtigem Grund. (1) Jede Vertragspartei kann das Mietverhältnis aus wichtigem Grund außerordentlich fristlos kündigen. Ein wichtiger Grund liegt vor, wenn dem Kündigenden unter Berücksichtigung aller Umstände des Einzelfalls, insbesondere eines Verschuldens seiner Vertragsparteien, und unter Abwägung der beiderseitigen Interessen die Fortsetzung des Mietverhältnisses bis zum Ablauf der Kündigungsfrist oder bis zur sonstigen Beendigung des Mietverhältnisses nicht zugemutet werden kann. (2) Ein wichtiger Grund liegt insbesondere vor, wenn 1. dem Mieter der vertragsgemäße Gebrauch der Mietsache ganz oder zum Teil nicht rechtzeitig gewährt oder wieder entzogen wird, 2. der Mieter die Rechte des Vermieters dadurch in erheblichem Maße verletzt, dass er die Mietsache durch Vernachlässigung der ihm obliegenden Sorgfalt erheblich gefährdet oder sie unbefugt einem Dritten überlässt oder 3. der Mieter a) für zwei aufeinanderfolgende Termine mit der Entrichtung der Miete oder eines nicht unerheblichen Teils der Miete in Verzug ist oder b) in einem Zeitraum, der sich über mehr als zwei Termine erstreckt, mit der Entrichtung der Miete in Höhe eines Betrages in Verzug ist, der die Miete für zwei Monate erreicht. Im Falle des Satzes 1 Nr. 3 ist die Kündigung ausgeschlossen, wenn der Vermieter vorher befriedigt wird. Sie wird unwirksam, wenn sich der Mieter von seiner Schuld durch Aufrechnung befreien konnte und unverzüglich nach der Kündigung die Aufrechnung erklärt. (3) Besteht der wichtige Grund in der Verletzung einer*

Pflicht aus dem Mietvertrag, so ist die Kündigung erst nach erfolglosem Ablauf einer zur Abhilfe bestimmten angemessenen Frist oder nach erfolgloser Abmahnung zulässig. Dies gilt nicht, wenn 1. eine Frist oder Abmahnung offensichtlich keinen Erfolg verspricht, 2. die sofortige Kündigung aus besonderen Gründen unter Abwägung der beiderseitigen Interessen gerechtfertigt ist oder 3. der Mieter mit der Entrichtung der Miete im Sinne des Absatzes 2 Nr. 3 in Verzug ist. (4) Auf das dem Mieter nach Absatz 2 Nr. 1 zustehende Kündigungsrecht sind die §§ 536b und 536d entsprechend anzuwenden. Ist streitig, ob der Vermieter den Gebrauch der Mietsache rechtzeitig gewährt oder die Abhilfe vor Ablauf der hierzu bestimmten Frist bewirkt hat, so trifft ihn die Beweislast.

3. Pflichten

3.1 Pflichten des Mieters

3.1.1 Zahlungspflicht

Der Mieter ist verpflichtet, dem Vermieter den vereinbarten Mietzins zu entrichten. § 556b BGB sagt dazu aus, dass der Mietzins im Voraus stets bis zum dritten Werktag des vereinbarten Zeitabschnitts zu entrichten ist. In den meisten Fällen muss der Mietzins also stets zum Anfang eines Monats entrichtet werden. Ist eine vierteljährliche Mietzahlung vereinbart, muss die Miete drei Monate im Voraus jeweils bis zum dritten Werktag bezahlt werden.

Beispiel:
Der Monatserste ist ein Samstag, der in Deutschland ein Werktag ist. Somit muss die Miete bis spätestens zu dem darauf folgenden Dienstag entrichtet werden. Sonn- und Feiertage zählen nicht mit.

> *§ 556b Fälligkeit der Miete, Aufrechnungs- und Zurückbehaltungsrecht. (1) Die Miete ist zu Beginn, spätestens bis zum dritten Werktag der einzelnen Zeitabschnitte zu entrichten, nach denen sie bemessen ist. (2) Der Mieter kann entgegen seiner vertraglichen Bestimmungen gegen eine Mietforderung mit einer Forderung auf Grund der §§ 536a, 539 oder aus ungerechtfertigter Bereicherung wegen zu viel gezahlter Miete aufrechnen oder wegen einer solchen Forderung ein Zurückbehaltungsrecht ausüben, wenn er seine Absicht dem Vermieter mindestens einen Monat vor der Fälligkeit der Miete in Textform angezeigt hat. Eine zum Nachteil des Mieters abweichende Vereinbarung ist unwirksam.*

3.1.2 Obhutspflicht

Die Obhutspflicht des Mieters beginnt ab der Übergabe der Mietsache und endet mit der Rückgabe der Mietsache. Dabei spielt es keine Rolle, ob die Vertragslaufzeit überschritten wird. Der Mieter ist verpflichtet, die Sachen des Vermieters sorgfältig und pfleglich zu behandeln. Nach Möglichkeit sind Schäden von der Mietsache abzuwenden.

Diese Verpflichtung des Mieters schließt beispielsweise ein, dass bei längerer Abwesenheit des Mieters Schäden an der Mietsache erkannt und behoben werden können. Entsprechende Vorkehrungen sind durch den Mieter zu treffen.

Ferner müssen die Räume regelmäßig gesäubert und gelüftet werden und es ist dafür zu sorgen, dass keine Rohre einfrieren.

Sollten Mängel auftreten, muss der Mieter die eventuellen Erhaltungs- und/oder Beseitigungsmaßnahmen des Vermieters dulden. Verstößt der Mieter gegen seine Obhutspflicht, kann der Vermieter Schadensersatz und Unterlassung verlangen; in schweren Fällen auch das Mietverhältnis kündigen.

3.1.3 Mängelanzeigepflicht

Der Mieter ist verpflichtet, die während der Mietzeit auftretenden Mängel an der Mietsache dem Vermieter so konkret mitzuteilen, dass der Vermieter gemäß seiner Instandhaltungs- und Instandsetzungspflicht tätig werden kann. Kennt der Vermieter den Mangel bereits, besteht die Anzeigepflicht nicht.

Versäumt der Mieter, einen entstandenen Schaden zu melden, ist er nicht berechtigt, nach § 536 BGB die Miete zu mindern, nach § 543 BGB fristlos zu kündigen und nach § 563a BGB Schadensersatz wegen Nichterfüllung zu verlangen.

> *§ 536c Während der Mietzeit auftretende Mängel; Mängelanzeige durch den Mieter. (1) Zeigt sich im Laufe der Mietzeit ein Mangel der Mietsache oder wird eine Maßnahme zum Schutz der Mietsache gegen eine nicht vorhergesehene Gefahr erforderlich, so hat der Mieter dies dem Vermieter unverzüglich anzuzeigen. Das Gleiche gilt, wenn ein Dritter sich ein Recht an der Sache anmaßt. (2) Unterlässt der Mieter die Anzeige, so ist er dem Vermieter zum Ersatz des daraus entstehenden Schadens verpflichtet. Soweit der Vermieter infolge*

der Unterlassung der Anzeige nicht Abhilfe schaffen konnte, ist der Mieter nicht berechtigt, 1. die in § 536 bestimmten Rechte geltend zu machen, 2. nach § 536a Abs. 1 Schadensersatz zu verlangen oder 3. ohne Bestimmung einer angemessenen Frist zur Abhilfe nach § 543 Abs. 3 Satz 1 zu kündigen.

3.1.4 Pflicht zum vertragsgemäßen Gebrauch der Mietsache

Der Mieter ist verpflichtet, die Mietsache vertragsgemäß zu benutzen.

Beispiele:

- Wurde ein Mietvertrag über Wohnraum geschlossen, ist ohne entsprechende Vereinbarung eine gewerbliche Nutzung untersagt.

- Der Mieter darf grundsätzlich keine baulichen Veränderungen durchführen. Kleinere Änderungen zur Nutzung der Mietsache dürfen aber durchgeführt werden (Bohrlöcher, Haken etc.).

- Die Hausordnung muss eingehalten werden (Musik spielen nur zu den üblichen Zeiten etc.).

- Tierhaltung nur nach Vereinbarung.

Nach § 538 BGB hat der Mieter Veränderungen oder Verschlechterungen der Mietsache, die durch den vertragsgemäßen Gebrauch herbeigeführt werden, nicht zu vertreten. Diese Regelung schließt also die normale Abnutzung von z. B. Teppichböden (Möbelabdrücke, Laufstraßen) ein.

Kommt der Mieter seiner Verpflichtung zum vertragsgemäßen Gebrauch nicht nach, kann dies eine Schadensersatzpflicht nach sich ziehen. Ebenso kommt nach Abmahnung durch den Vermieter eine Unterlassungsklage nach § 541 BGB oder eine fristlose Kündigung nach § 543 Abs. 2 Nr. 2 in Betracht.

§ 541 Unterlassungsklage bei vertragswidrigem Gebrauch. Setzt der Mieter einen vertragswidrigen Gebrauch der Mietsache trotz einer Abmahnung des Vermieters fort, so kann dieser auf Unterlassung klagen.

3.1.5 Duldungspflicht

Die Duldungspflicht des Mieters erstreckt sich zum einen auf die Duldung von baulichen Maßnahmen, die die Instandhaltung und Instandsetzung der Mietsache betreffen, zum anderen auf Besichtigungen der Mietsache durch den Vermieter.

In Bezug auf die Duldung von Modernisierungsmaßnahmen bestehen Einschränkungen für den Vermieter, wenn die Maßnahme eine unzumutbare Härte für den Mieter darstellen würde, die auch unter Berücksichtigung der berechtigten Interessen des Vermieters nicht zu rechtfertigen ist. Das Gesetz führt dazu aus, dass es sich in solchen Fällen um mit der Modernisierungsmaßnahme verbundene Beeinträchtigungen, wie z. B. bauliche Folgen handeln kann. Des Weiteren sind die durch die Modernisierungsmaßnahme zu erwartende Mieterhöhung sowie eventuell vorausgegangene Aufwendungen des Mieters zu berücksichtigen.

Der Vermieter muss dem Mieter die Art, den Umfang, den Zeitpunkt des Beginns der Arbeiten sowie die Höhe der Modernisierungserhöhung drei Monate vorher schriftlich mitteilen.

Besichtigungen der Mietsache kommen für den Vermieter nur nach vorheriger Anmeldung in angemessenen Zeitabständen sowie zu üblichen Tageszeiten in Betracht.

§ 554 Duldung von Erhaltungs- und Modernisierungsmaßnahmen. (1) Der Mieter hat Maßnahmen zu dulden, die zur Erhaltung der Mietsache erforderlich sind. (2) Maßnahmen zur Verbesserung der Mietsache, zur Einsparung von Energie oder Wasser oder zur Schaffung neuen Wohnraums hat der Mieter zu dulden. Dies gilt nicht, wenn die Maßnahme für ihn, seine Familie oder einen anderen Angehörigen seines Haushalts eine Härte bedeuten würde, die auch unter Würdigung der berechtigten Interessen des Vermieters und anderer Mieter in dem Gebäude nicht zu rechtfertigen ist. Dabei sind insbesondere die vorzunehmenden Arbeiten, die baulichen Folgen, vorausgegangene Aufwendungen des Mieters und die zu erwartende Mieterhöhung zu berücksichtigen. Die zu erwartende Mieterhöhung ist nicht als Härte anzusehen, wenn die Mietsache lediglich in einen Zustand versetzt wird, wie er allgemein üblich ist. (3) Bei Maßnahmen nach Absatz 2 Satz 1 hat der Vermieter dem Mieter spätestens drei Monate vor Beginn der Maßnahme deren Art sowie voraussichtlichen Umfang und Beginn, voraussichtliche Dauer und die zu erwartende Mieterhöhung in Textform mitzuteilen. Der Mieter ist berechtigt, bis zum Ablauf des Monats, der auf den Zugang der Mitteilung folgt, außerordentlich bis zum Ablauf des nächsten Monats zu kündigen. Die Vorschriften gelten nicht bei Maßnahmen, die nur mit einer unerheblichen Einwirkung auf die vermieteten Räume verbunden sind und nur zu einer unerheblichen Mieterhöhung führen. (4) Aufwendungen, die der Mieter infolge einer Maßnahme nach Absatz 1 oder 2

Satz 1 machen musste, hat der Vermieter in angemessenem Umfang zu ersetzen. Auf Verlangen hat er Vorschuss zu leisten. (5) Eine zum Nachteil des Mieters von den Absätzen 2 bis 4 abweichende Vereinbarung ist unwirksam.

3.1.6 Rückgabepflicht

Nach Beendigung des Mietverhältnisses (Zeitablauf des Mietvertrags, Aufhebungsvertrag, Kündigung oder Eintritt einer auflösenden Bedingung) ist der Mieter verpflichtet, die gemieteten Räume an den Vermieter zurückzugeben.

Zur Wahrung seiner Rückgabeverpflichtung muss der Mieter sämtliche Sachen aus den gemieteten Räumen entfernen und sämtliche Schlüssel an den Vermieter zurückgeben. Diese Pflicht schließt auch die Schlüssel mit ein, die der Mieter während des Mietverhältnisses hat anfertigen lassen.

Ferner hat der Mieter die Räume in vertragsgemäßem Zustand an den Vermieter zurückzugeben. In der Praxis wird die Feststellung des vertragsgemäßen Zustands derzeit durch die Rechtsprechung bezüglich der Schönheitsreparaturen erschwert. Es ist selbst für Fachleute außerordentlich schwierig, in einem Mietvertrag eine Klausel zu den Schönheitsreparaturen oder zur Endrenovierung einzusetzen, da sich die Rechtsprechung zu diesem Thema sehr oft ändert und derartige Klauseln nachträglich unwirksam sein können.

§ 546 Rückgabepflicht des Mieters. (1) Der Mieter ist verpflichtet, die Mietsache nach Beendigung des Mietverhältnis-

ses zurückzugeben. (2) Hat der Mieter den Gebrauch der Mietsache einem Dritten überlassen, so kann der Vermieter die Sache nach Beendigung des Mietverhältnisses auch von dem Dritten zurückfordern.

§ 546a Entschädigung des Vermieters bei verspäteter Rückgabe. (1) Gibt der Mieter die Mietsache nach Beendigung des Mietverhältnisses nicht zurück, so kann der Vermieter für die Dauer der Vorenthaltung als Entschädigung die vereinbarte Miete oder die Miete verlangen, die für vergleichbare Sachen ortsüblich ist. (2) Die Geltendmachung eines weiteren Schadens ist nicht ausgeschlossen.

3.2 Pflichten des Vermieters

3.2.1 Gebrauchsüberlassung

Der Vermieter muss dem Mieter die Mietsache und alle mitvermieteten Sachen zum alleinigen Gebrauch zur Verfügung stellen. In diesem Zusammenhang ist besonders zu erwähnen, dass der Vermieter dem Mieter alle vorhandenen Wohnungsschlüssel auszuhändigen hat. Der Zurückbehalt eines Schlüssels ohne Einverständnis des Mieters oder der Besitz eines Generalschlüssels ist nicht zulässig.

Etwaige Mängel an der Mietsache sollen vor der Überlassung beseitigt werden.

3.2.2 Instandhaltung und Instandsetzung

Der Vermieter hat gegenüber dem Mieter eine Gebrauchserhaltungspflicht der Mietsache. Dies bedeutet, dass es nicht ausreicht, die Mietsache lediglich in einem zum Gebrauch geeigneten Zustand zu übergeben, sondern dass der Vermieter die Räume während der Vertragslaufzeit in diesem Zustand zu erhalten hat.

Die Instandhaltungspflicht sagt aus, dass der Vermieter vorbeugend alle Maßnahmen zu ergreifen hat, die erforderlich sind, um Schäden an der Mietsache zu verhindern. Er muss in regelmäßigen Abständen überprüfen, ob sich die Mietsache noch in einem ordnungsgemäßen Zustand befindet.

Die Instandsetzungspflicht sagt aus, dass der Vermieter Schäden an der Mietsache unverzüglich beseitigen muss. Der Mieter kann den Vermieter durch Abmahnung in Verzug setzen. Ist dies der Fall, kann der Mieter den Schaden selbst beseitigen bzw. beseitigen lassen und nach § 536a Abs. 2 BGB den Aufwendungsersatz vom Vermieter einfordern.

Ausnahmen können im Mietvertrag in einer geeigneten Regelung über die Schönheitsreparaturen sowie in der Kleinreparaturenklausel bestehen.

Die derzeit stetig neue Rechtsprechung in Bezug auf die Schönheitsreparaturen erschwert die Vereinbarungen zu diesem Punkt. Für die Gültigkeit der Kleinreparaturenklausel im Mietvertrag müssen folgende Grundsätze erfüllt sein:

- Höchstbetrag je Einzelfall muss festgelegt sein.

- Höchstbetrag innerhalb eines Jahres muss festgelegt sein.

- Es dürfen nur Teile der Mietsache eingeschlossen werden, die dem häufigen Gebrauch des Mieters unterliegen, beispielsweise Sanitärinstallationen, Rollläden, Fenster- und Türgriffe.

- Der Mieter darf nur verpflichtet werden, die Kosten für eine Reparatur an einer Sache zu übernehmen. Tritt der gleiche Mangel in kurzem Abstand erneut auf, ist der Vermieter dazu verpflichtet, die Reparaturkosten zu übernehmen.

- Die Klausel darf den Mieter nicht dazu verpflichten, die Instandsetzungsmaßnahmen selbst in Auftrag zu geben.

§ 535 Inhalt und Hauptpflichten des Mietvertrags. (1) Durch den Mietvertrag wird der Vermieter verpflichtet, dem Mieter den Gebrauch der Mietsache während der Mietzeit zu gewähren. Der Vermieter hat die Mietsache dem Mieter in einem zum vertragsgemäßen Gebrauch geeigneten Zustand zu überlassen und sie während der Mietzeit in diesem Zustand zu erhalten. Er hat die auf der Mietsache ruhenden Lasten zu tragen. (2) Der Mieter ist verpflichtet, dem Vermieter die vereinbarte Miete zu entrichten.

3.2.3 Verkehrssicherungspflichten

Zu den Verkehrssicherungspflichten des Vermieters gehört in erster Linie die Absicherung der Treppenhäuser, Hausflure sowie der Hauszuwegungen, z. B. durch ausreichende Beleuchtung. Aber auch evtl. Spielgeräte auf Freiflächen müssen sicher sein.

Von der Mietsache dürfen keinerlei Gefahren für den Mieter, seine Angehörigen und Besucher ausgehen. Daher muss der Vermieter alle erforderlichen Maßnahmen zur Vorbeugung einleiten.

3.2.4 Abrechnung der Betriebskosten

Hat der Mieter Betriebskostenvorauszahlungen geleistet, ist der Vermieter verpflichtet, die Betriebskosten abzurechnen. Die Verpflichtung besteht nicht, wenn eine Bruttomiete inklusive Betriebskosten vereinbart ist oder bci Zahlung einer Betriebskostenpauschale.
Die Abrechnung hat jährlich zu erfolgen. Maßgebend für die Zwölfmonatsfrist ist der Abrechnungszeitraum des Gebäudes.

Beispiel:
Der Abrechnungszeitraum erstreckt sich jährlich vom 01.04. bis zum 31.03. Die Betriebskostenabrechnung muss somit spätestens zum 31.03. des Folgejahres beim Mieter eingegangen sein. Ist der Abrechnungszeitraum analog zum Kalenderjahr, muss die Abrechnung bis zum 31.12. des Folgejahres zugestellt werden.

Geht die Abrechnung nach Ablauf dieser Jahresfrist beim Mieter ein, muss eine evtl. Nachzahlung in der Regel vom Mieter nicht mehr bezahlt werden. Der Vermieter ist jedoch verpflichtet, ein Guthaben an den Mieter auszuzahlen, auch wenn die Frist überschritten wurde.

Ferner muss die Abrechnung gewissen Mindestanforderungen genügen. Insbesondere müssen die Angabe der Gesamtkosten und deren Zusammensetzung, die Mitteilung und Erläuterungen des Umlageschlüssels, die Berechnung des Anteils des Mieters sowie der Abzug der bereits geleisteten Vorauszahlungen in der Abrechnung enthalten sein, da der Mieter Anspruch auf Erteilung einer ordnungsgemäßen Betriebskostenabrechnung hat.

§ 556 Vereinbarungen über Betriebskosten. (1)...(2)...(3) Über die Vorauszahlungen für die Betriebskosten ist jährlich abzurechnen; dabei ist der Grundsatz der Wirtschaftlichkeit zu beachten. Die Abrechnung ist dem Mieter spätestens bis zum Ablauf des zwölften Monats nach Ende des Abrechnungszeitraumes mitzuteilen. Nach Ablauf dieser Frist ist die Geltendmachung einer Nachforderung durch den Vermieter ausgeschlossen, es sei denn, der Vermieter hat die verspätete Geltendmachung nicht zu vertreten. Der Vermieter ist zu Teilabrechnungen nicht verpflichtet. Einwendungen gegen die Abrechnung hat der Mieter dem Vermieter spätestens bis zum Ablauf des zwölften Monats nach Zugang der Abrechnung mitzuteilen. Nach Ablauf dieser Frist kann der Mieter Einwendungen nicht mehr geltend machen, es sei denn, der Mieter hat die verspätete Geltendmachung nicht zu vertreten. (4) Eine zum Nachteil des Mieters von Absatz 1, Absatz 2 Satz 2 oder Absatz 3 abweichende Vereinbarung ist unwirksam.

§ 556a Abrechnungsmaßstab für Betriebskosten. (1) Haben die Vertragsparteien nichts anderes vereinbart, sind die Betriebskosten vorbehaltlich anderweitiger Vorschriften nach dem Anteil der Wohnfläche umzulegen. Betriebskosten, die von einem erfassten Verbrauch oder einer erfassten Verursachung durch die Mieter abhängen, sind nach einem Maßstab umzulegen, der dem unterschiedlichen Verbrauch oder der unterschiedlichen Verursachung Rechnung trägt.

3.2.5 Rückgewähr der Mietsicherheit

Im Mietrecht findet sich keine Regelung zur Rückzahlung der Kaution an den Mieter. Da die Kaution Ansprüche des Vermieters im Mietverhältnis sichert, ergibt sich mit der Beendigung des Mietverhältnisses automatisch die Verpflichtung zur Rückzahlung der Kaution. Der Bundesgerichtshof geht von einer angemessenen Frist zur Rückerstattung der Mietsicherheiten aus. Wann die Kaution jeweils zurückbezahlt werden muss, hängt vom Einzelfall ab. In der Praxis sind Fristen zwischen zwei und sechs Monaten üblich.

Grundsätzlich sollten Vermieter schnellstmöglich ihre Ansprüche berechnen und die Kaution an den Mieter zurückzahlen. Hierbei ist Folgendes zu beachten:

- Der Vermieter muss nicht die volle Kaution (auf einmal) ausbezahlen.

- Der Vermieter darf verjährte und bestehende Forderungen aus dem Mietverhältnis aufrechnen.

- Ebenso darf der Vermieter beispielsweise in Erwartung einer eventuell noch folgenden Betriebskostennachzahlung einen angemessenen Betrag der Kaution zurückbehalten.

- Bei Mietverhältnissen über Wohnraum muss die Kaution verzinst ausbezahlt werden.

- Der Mieter ist grundsätzlich nicht berechtigt, die Kaution zum Ende des Mietverhältnisses hin abzuwohnen, also für die letzten beiden Monate ersatzweise keine Miete mehr zu entrichten.

Wird die vermietete Immobilie während der Mietvertragslaufzeit veräußert, so tritt der Käufer in die Rechte und Pflichten des Mietverhältnisses ein. Eine eventuell geleistete Mietkaution muss vom Erwerber der Immobilie an den Mieter zurückerstattet werden.

> *§ 566a Mietsicherheit. Hat der Mieter des veräußerten Wohnraums dem Vermieter für die Erfüllung seiner Pflichten Sicherheit geleistet, so tritt der Erwerber in die dadurch begründeten Rechte und Pflichten ein. Kann bei Beendigung des Mietverhältnisses der Mieter die Sicherheit von dem Erwerber nicht verlangen, so ist der Vermieter weiterhin zur Rückgewähr verpflichtet.*

4. Sonstiges

4.1 Nützliche Internetseiten und Adressen

Die folgende Aufstellung erhebt keinen Anspruch auf Vollständigkeit und wurde ohne Wertung durch die Verfasser zusammengestellt. Die Fachverbände werden in alphabetischer Reihenfolge – zunächst die Bundesverbände (in Fettdruck) gefolgt von den zugehörigen Landesverbänden – aufgelistet. Soweit nicht anders beschrieben, können die Kreis- und Bezirksverbände den Internetseiten entnommen werden.

Immobilienportale im Internet:
- www.immobilienscout24.de
- www.planethome.de
- www.immonet.de

Hier finden Sie ein Diskussionsforum „Rund um die Immobilie“:
www.forum-immobilienfragen.de

Hier können Sie das Mietrecht einsehen: http://dejure.org
Navigation: Bürgerliches Gesetzbuch, Buch 2: Recht der Schuldverhältnisse, Abschnitt 8: Einzelne Schuldverhältnisse, Titel 5: Allgemeine Vorschriften für Mietverhältnisse, Untertitel 2: Mietverhältnisse über Wohnraum, Kapitel 1-6

Hier erhalten Sie das Auskunftsformular der SCHUFA:
www.SCHUFA.de/eigenauskunft.html

Kontaktadresse der De.M.Da.:
Deutsche Mieter Datenbank
Langenstraße 52 - 54
28195 Bremen
Telefon: 04 21 / 16 89 96 89
Telefax: 04 21 / 16 89 96 55
info@demda.de
www.demda.de

Kontaktadressen der SCHUFA Holding AG (Landesverbände):
Verbraucherservicestelle Wiesbaden
Kormoranweg 5
65201 Wiesbaden
Telefon: 06 11 / 92 78 - 300
schufa-holding@schufa.de
www.schufa.de

Geschäftsstelle Berlin
Mariendorfer Damm 1-3
12099 Berlin
Telefon: 0 30 / 70 09 17 20

Geschäftsstelle Bochum
Verbraucherservicezentrum
Massenbergstraße 9-13
44787 Bochum
Telefon: 02 34 / 97 61-0

Geschäftsstelle Bremen
Violenstraße 12
28195 Bremen
Telefon: 04 21 / 3 63 02 44

Geschäftsstelle Düsseldorf
Schadowstraße 86-88
40212 Düsseldorf
Telefon: 02 11 / 16 76 0

Geschäftsstelle Frankfurt
Zeil 29-31
60313 Frankfurt
Telefon: 0 69 / 92 04 02 52

Geschäftsstelle Hamburg
Wendenstraße 4
20097 Hamburg
Telefon: 0 40 / 23 71 90

Sonstiges

Geschäftsstelle Hannover
Georgstraße 11
30159 Hannover
Telefon: 05 11 / 1 23 96

Geschäftsstelle Köln
Widdersdorfer Straße 403
50933 Köln
Telefon: 02 21 / 4 99 66 33

Geschäftsstelle Leipzig
Leuckartstraße 3
04289 Leipzig
Telefon: 03 41 / 8 66 12 13

Geschäftsstelle Mannheim
N7, Eingang 5-6
68161 Mannheim
Telefon: 06 21 / 1 25 01 70

Geschäftsstelle München
Elsenheimerstraße 61
80687 München
Telefon: 0 89 / 57 00 61 11

Geschäftsstelle Saarbrücken
Saaruferstraße 16
66117 Saarbrücken
Telefon: 06 81 / 88 38 60

Geschäftsstelle Stuttgart
Königstraße 84
70173 Stuttgart
Telefon: 07 11 / 2 24 56 78

Kontaktadresse des Bundes der Wohnungs- und Grundstückeigentümer e. V.:
Bund der Wohnungs- und Grundeigentümer e. V.
Dachauer Straße 31
80335 München
Telefon: 0 89 / 59 79 37
Telefax: 0 89 / 59 79 38
info@bwe-online.de
www.bwe-online.de

Der Bund der Wohnungs- und Grundeigentümer e. V. verfügt bundesweit über 29 Kreisverbände; die einzelnen Kontaktadressen erhalten Sie im Internet unter:
www.bwe-online.de/bund/geschaeftsstellen.html

Der Bayerische Wohnungs- und Grundeigentümerverband (Adresse siehe Bund) verfügt in Bayern über 52 Geschäftsstellen; die einzelnen Kontaktadressen erhalten Sie im Internet unter:
www.bwe-online.de/bayern/geschaeftsstellen.html

Kontaktadressen der Haus & Grund Eigentümerschutz-Gemeinschaft (Landesverbände):

Haus & Grund Baden e. V.
Lessingstraße 10
76135 Karlsruhe
Telefon: 07 21 / 8 31 28 10
Telefax: 07 21 / 8 31 28 12
info@haus-und-grund-baden.de
www.haus-und-grund-baden.de

Haus & Grund Württemberg e. V.
Werastraße 1
70182 Stuttgart
Telefon: 07 11 / 2 37 65 10
Telefax: 07 11 / 2 37 65 88
email@hausundgrund-wuerttemberg.de
www.hausundgrund-wuerttemberg.de

Haus & Grund Bayern e. V.
Herzog-Wilhelm-Straße 10/IV
80331 München
Telefon: 0 89 / 5 51 41-510
Telefax: 0 89 / 5 51 41-552
bayern@haus-und-grund-bayern.de
www.haus-und-grund-bayern.de

Haus & Grund Berlin e. V.
Potsdamer Straße 143
10783 Berlin
Telefon: 0 30 / 2 16 34 36
Telefax: 0 30 / 2 16 98 23
hausundgrund@inter.net
www.haus-und-grund-berlin.de

Haus & Grund Brandenburg e. V.
Voltaireweg 12
14469 Potsdam
Telefon: 03 31 / 2 70 21 23
Telefax: 03 31 / 2 70 21 24
info@hausundgrundbrbg.de
www.hausundgrundbrbg.de

Haus & Grund Landesverband Bremen e. V.
Am Dobben 3
28203 Bremen
Telefon: 04 21 / 36 80 40
Telefax: 04 21 / 3 68 04 88
vorstand@hug-hb.de
www.haus-und-grund-bremen.de

Grundeigentümer-Verband Hamburg von 1832 e. V.
Glockengießerwall 19
20095 Hamburg
Telefon: 0 40 / 3 09 67 20
Telefax: 0 40 / 32 13 97
info@grundeigentuemerverband.de
www.grundeigenttuemerverband.de

Sonstiges

Haus & Grund Hessen e. V.
Niedenau 61-63
60325 Frankfurt
Telefon: 0 69 / 72 94 58
Telefax: 0 69 / 17 26 35
hughessen@arcor.de
www.hausundgrundhessen.de

Haus & Grund Mecklenburg-Vorpommern e. V.
Mecklenburgstraße 64
19053 Schwerin
Telefon: 03 85 / 5 77 74 10
Telefax: 03 85 / 5 77 74 11
kontakt@hugmv.de
www.haus-und-grund-mv.de

Haus & Grund Niedersachsen e. V.
Schützenstraße 24
30853 Langenhagen
Telefon: 05 11 / 9 73 29 70
Telefax: 05 11 / 97 32 97-32
info@haus-und-grund-nds.de
www.haus-und-grund-nds.de

Haus & Grund Oldenburg e. V.
Staulinie 16/17
26122 Oldenburg
Telefon: 04 41 / 1 41 16
Telefax: 04 41 / 9 25 08 01
hausundgrundol@t-online.de
www.ewetel.net/hausu.grundeigentuemerverein/

Haus & Grund Nordrhein und Westfalen e. V.
Elisabethstraße 4
44129 Dortmund
Telefon: 02 31 / 95 83-0
Telefax: 02 31 / 95 83 95
nrw@haus-und-grund.com
www.haus-und-grund.com

Haus & Grund Ostwestfalen-Lippe e. V.
Alter Markt 11
33602 Bielefeld
Telefon: 05 21 / 9 64 30-0
Telefax: 05 21 / 9 64 30 23
ostw.-lippe@haus-und-grund.net
www.haus-und-grund-ostw-lippe.de

Haus & Grund Rheinland e. V.
Lütticher Straße 1-3
50674 Köln
Telefon: 02 21 / 25 86 70
Telefax: 02 21 / 25 29 67
info@hausundgrund-rheinland.de
www.hausundgrund-rheinland.de

Haus & Grund Ruhr e. V.
Postfach 10 16 42
45016 Essen
Telefon: 02 01 / 23 47 05
Telefax: 02 01 / 23 58 55
deckers@hug-essen.de
www.hug-essen.de

Sonstiges

Haus & Grund Westfalen e. V.
Dahlenkampstraße 5 (Parterre)
58095 Hagen
Telefon: 0 23 31 / 2 90 96
Telefax: 0 23 31 / 18 26 06
lv-hug-west@freenet.de
www.hausgrund-westfalen.de

Verband baugeschädigter Haus- und Grundeigentümer e. V.
Resser Weg 14
45699 Herten
Telefon: 0 23 66 / 8 09 00
Telefax: 0 23 66 / 8 70 41
info@vbhg.de
www.vbhg.de

Haus & Grund Rheinland-Pfalz e. V.
Kaiserstraße 9
55166 Mainz
Telefon: 0 61 31 / 61 97 20
Telefax: 0 61 31 / 61 98 68
info@haus-und-grund-rlp.de
www.haus-und-grund-rlp.de

Haus & Grund Saarland e. V.
Bismarckstraße 52
66121 Saarbrücken
Telefon: 06 81 / 66 83 70
Telefax: 06 81 / 6 80 35
info@haus-und-grund-saarland.de
www.haus-und-grund-saarland.de

Haus & Grund Sachsen e. V.
Fetscherstraße 29
01307 Dresden
Telefon: 03 51 / 5 63 79 07
Telefax: 03 51 / 5 63 79 09
info@haus-und-grund-sachsen.net
www.haus-und-grund-sachsen.net

Haus & Grund Sachsen-Anhalt e. V.
Steinigstraße 7
39108 Magdeburg
Telefon: 03 91 / 7 31 68 32
Telefax: 03 91 / 7 31 68 33
hugsa@onlinehome.de
www.hugsa-magdeburg.de

Haus & Grund Schleswig-Holstein e. V.
Sophienblatt 3
24103 Kiel
Telefon: 04 31 / 66 36-110
Telefax: 04 31 / 66 36-188
info@haus-und-grund-sh.de
www.haus-und-grund-sh.de

Haus & Grund Thüringen e. V.
Schwarzburger Chaussee 4
07407 Rudolstadt
Telefon: 0 36 72 / 42 89-0
Telefax: 0 36 72 / 42 89-19
vorstand@hug-thueringen.de
www.hug-thueringen.de

Kontaktadresse des Deutschen Mieterbunds (Bundesverband):
Landesverband im Deutschen Mieterbund
Behrenstraße 1c
10117 Berlin
Telefon: 0 30 / 2 26 26-0
Telefax: 0 30 / 2 26 26-161/162
bmv@berliner-mieterverein.de
www.berliner-mieterverein.de

Kontaktadressen des Mietervereins (Landesverbände):
Hinweis: Die Adressen und E-Mail-Adressen der zahlreichen Regional- und Ortsverbände finden Sie unter www.mieterbund.de. Navigation: In der Menüleiste auf „Vereine" klicken, danach „Die Vereine" auswählen und auf das entsprechende Bundesland klicken.

Deutscher Mieterbund Landesverband Baden-Württemberg e. V.
Olgastraße 77
70182 Stuttgart
Telefon: 07 11 / 2 36 06 00
Telefax: 07 11 / 2 36 06 02
info@mieterbund-bw.de
www.mieterbund-bw.de

Deutscher Mieterbund Landesverband Bayern e. V.
Am Antritt 15
83727 Schliersee
Telefon: 0 80 26 / 6 06 69 10
Telefax: 0 80 26 / 40 00
www.mieterbund-landesverband-bayern.de

Deutscher Mieterbund Land Brandenburg e. V.
Schopenhauerstraße 31
14467 Potsdam
Telefon: 03 31 / 9 51 08 90
Telefax: 03 31 / 9 51 08 91
info@mieterbund-brandenburg.de
www.mieterbund-brandenburg.de

Landesverband Deutscher Mieterbund zu Hamburg e. V.
Beim Strohhause 20
20097 Hamburg
Telefon: 0 40 / 87 97 90
Telefax: 0 40 / 87 97 91 20
info@mieterverein-hamburg.de
www.mieterverein-hamburg.de

Deutscher Mieterbund Landesverband Hessen e. V.
Adelheidstraße 70
65185 Wiesbaden
Telefon: 06 11 / 4 11 40 5-0
Telefax: 06 11 / 41 14 05 -29
info@mieterbund-hessen.de
www.mieterbund-hessen.de

Deutscher Mieterbund Landesverband Mecklenburg-Vorpommern e. V.
G.-Hauptmann-Straße 19
18055 Rostock
Telefon: 03 81 / 3 75 29 20
Telefax: 03 81 / 3 75 29 29
post@mieterbund-mvp.de
www.mieterbund-mvp.de

Deutscher Mieterbund Niedersachsen-Bremen e. V.
Herrenstraße 14
30159 Hannover
Telefon: 05 11 / 12 10 60
Telefax: 05 11 / 1 21 06 16
info@mieterbund-nieders-bremen.de
www.mieterbund-nieders-bremen.de

Deutscher Mieterbund Landesverband Nordrhein-Westfalen e. V.
Oststraße 55
40211 Düsseldorf
Telefon: 02 11 / 586009-0
Telefax: 02 11 / 586009-29
mieter@deutscher-mieterbund-nrw.de
www.deutscher-mieterbund-nrw.de

Deutscher Mieterbund Landesverband Rheinland-Pfalz e. V.
Walramsneustraße 8
54290 Trier
Telefon: 06 51 / 9 94 09 7-0
Telefax: 06 51 / 9 94 09 7-4
dmb-rhpl@gmx.de
www.mieterbund-rhpl.de

Deutscher Mieterbund Landesverband Saarland e. V.
Karl-Marx-Straße 1
66111 Saarbrücken
Telefon: 06 81 / 3 21 48
Telefax: 06 81 / 3 90 83 85
mssaar@ms-saar.de
www.ms-saar.de

Deutscher Mieterbund Landesverband Sächsischer Mietervereine e. V.
Fürstenstraße 10
09130 Chemnitz
Telefon: 03 71 / 4 02 40 97
Telefax: 03 71 / 4 02 40 95
info@mieterbund-sachsen.de
www.mieterbund-sachsen.de

Deutscher Mieterbund Landesverband Sachsen-Anhalt e. V.
Alter Markt 6
06108 Halle
Telefon: 03 45 / 2 02 14 67
Telefax: 03 45 / 2 02 14 68
dmblvsachsanhalt@aol.com
www.mieterverein-halle.de

Deutscher Mieterbund Landesverband Schleswig-Holstein e. V.
Eggerstedtstraße 1
24103 Kiel
Telefon: 04 31 / 97 91 90
Telefax: 04 31 / 9 79 19 31
info@mieterbund-schleswig-holstein.de
www.mieterbund-schleswig-holstein.de

Deutscher Mieterbund Landesverband Thüringen e. V.
Hirschlachufer 83a
99096 Erfurt
Telefon: 03 61 / 59 80 50
Telefax: 03 61 / 5 98 05 20
info@mieterbund-thueringen.de
www.mieterbund-thueringen.de

5. Die Verfasser

Petra Breitsameter, geboren 1972, ist seit 1993 in der Grundstücks- und Wohnungswirtschaft tätig. Ihre fachbezogene Ausbildung wurde durch einen nebenberuflichen Lehrgang zur Immobilienfachwirtin (IMI) weiter ausgebaut.

Christian Grolik, geboren 1972, ist seit 1992 im Bereich der Hausverwaltungen und Immobilien tätig und seit 1995 selbstständig. Neben scinen Qualifikationen Betriebswirt d. H. sowie Verbandsgeprüfter Bewerter (Sachverständiger) für bebaute und unbebaute Grundstücke (VDM) erlangte er durch ein nebenberufliches Studium den akademischen Grad Dipl.-Wirtschaftsjurist (FH), Fachrichtung Immobilienrecht.

Beide Verfasser nehmen darüber hinaus regelmäßig an verschiedenen fachbezogenen Fortbildungsveranstaltungen teil.

Kontakt:
breitsameter-grolik@freenet.de

Printed in Dunstable, United Kingdom

91223533R00038